Docteur GROSPERRIN

LE BAGNE A LA NOUVELLE

EN 1878

SOUVENIRS DE VOYAGES D'UN MÉDECIN DE LA MARINE

Extrait des *Mémoires de la Société d'Émulation du Doubs*
(8ᵉ série, tome IV, 1909).

BESANÇON
IMPRIMERIE ET LITHOGRAPHIE DODIVERS
87, Grande-Rue et rue Moncey, 8 bis

1910

LE BAGNE A LA NOUVELLE

EN 1878

SOUVENIRS DE VOYAGES D'UN MÉDECIN DE LA MARINE

Par M. le Docteur GROSPERRIN

L'île Nou qui sert de pénitencier central et où débarquent les forçats à leur arrivée de France, est un rocher d'une quinzaine de kilomètres de tour, qui s'étend parallèlement à la grande terre et ferme au sud ouest la rade de Nouméa. Au centre de l'île, dans le fond d'une petite baie située au pied d'un mamelon surmonté d'un sémaphore se trouvent les cellules des bagnards, les divers ateliers de menuiserie, de charronnage, de cordonnerie et de tailleurs, la caserne des surveillants militaires, la caserne du détachement d'infanterie de marine et les cases des employés subalternes. Tout au bord de la baie, à une des extrémités, s'élève une paillotte avec, à l'avant, un clocher minuscule surmonté d'une croix, c'est l'église de l'île Nou, où, tous les dimanches, les condamnés, sous escorte, se rendent pour assister à la messe. Au centre de ces bâtiments divers, en avant des cellules des condamnés, s'étend une vaste esplanade bordée de bouraos, c'est le boulevard du Crime. C'est là que toutes les semaines, en présence des condamnés alignés à genoux et la tête nue, on administre la schlague. J'eus un jour la curiosité d'assister à la cérémonie.

Le patient, qui doit recevoir dix, vingt ou trente coups de
martinet, selon la gravité du méfait commis, est étendu à
plat ventre sur un banc en bois, après qu'on lui a préalable-
ment mis à nu la partie la plus charnue de son individu. Le
correcteur, un forçat, généralement un colosse, armé d'un
martinet à sept chefs dont les extrémités sont effilochées au
lieu de se terminer par un nœud comme autrefois dans les
bagnes de France, frappe de toutes ses forces, et met suffi-
samment d'intervalle entre chaque coup pour que le patient
ait largement le temps de le savourer ; presque toujours, au
troisième ou quatrième coup, le sang apparaît. Lorsqu'un
condamné a eu assez d'énergie pour ne pas proférer une
seule plainte pendant l'exécution, il reçoit après la séance
les félicitations des camarades, on le reconduit en cellule, et,
s'il y a lieu, aussitôt que ses plaies sont cicatrisées, il prend
place à nouveau sur le banc pour une autre correction.

Une route, large comme un boulevard et bordée de magnifiques cocotiers, longue d'un bon kilomètre, conduit en traversant l'île entre deux collines, du pénitencier central à
l'hôpital principal de la transportation ou Hôpital du Marais,
situé au bord de la mer sur l'autre versant. Un chemin assez
étroit, mais pourtant carrossable, en longeant la côte va de
l'hôpital au camp sud, où sont casernés des forçats et regagne
le pénitencier central par le versant opposé qui fait face à la
grande terre. La portion nord de l'île, en partie couverte de
broussailles, est à peu près complètement inoccupée ; cependant une bande de terrain assez vaste et assez fertile, située
entre la montagne et la mer, est le siège d'une exploitation
agricole et d'une espèce de maison de retraite pour les condamnés impotents.

Le lundi 17 juin, après avoir remis la veille un peu d'ordre
dans mes malles, je me trouvais, avec ma lettre de service
en poche, à l'appontement de Nouméa, attendant le départ
du Canot-Major du Pénitencier-Dépôt pour me rendre à l'île
Nou, et prendre possession du poste qui m'avait été désigné.

A dix heures précises, lorsque j'eus pris place à bord de l'embarcation, le surveillant donna le signal du départ, et les douze forçats qui montaient la galère firent force de rames dans la direction de l'île Nou. Une heure plus tard, nous accotions à l'appontement du pénitencier, on amenait le pavillon rouge placé à l'avant du canot et je me rendais chez le commandant, auquel je présentais mes devoirs en même temps que ma lettre de service. De là je me dirigeais vers l'hôpital, où m'attendait pour déjeûner l'aide-médecin que j'allais remplacer.

Le pavillon dont je devais occuper une partie pendant dix-huit mois était une construction sans étage, composée de neuf pièces orientées, quatre au nord et quatre au sud ; celles tournées du côté nord étaient destinées au médecin de service, au pharmacien et au commis aux entrées. Une très vaste pièce située au centre du bâtiment, qu'elle traversait dans toute sa largeur, nous servait de salle à manger commune. Les quatre pièces tournées au sud étaient occupées par les religieuses de Saint-Joseph de Cluny attachées à l'hôpital. Une vérandah faisait le tour de la maison. Notre cuisine était faite à l'hôpital par une religieuse ; et notre domestique ou garçon de famille, un forçat en cours de peine à notre service, allait aux heures des repas chercher les plats tout préparés.

En avant de notre case, un ravissant jardin d'agrément s'étendait jusqu'à l'avenue des cocotiers. Une haie de mimosas en faisait le tour, encadrant de délicieux parterres ornés de fleurs d'une finesse exquise et du plus merveilleux coloris. En bordure, des feuillages aux nuances les plus variées, allant du bleu indigo au jaune orange en passant par toutes les couleurs de l'arc-en-ciel.

Des buissons d'aloës étalaient de distance en distance leurs larges feuilles vertes pointues comme des aiguilles. Des bananiers, des citronniers, des pandanus, nous offraient à toutes les heures de la journée leur ombre bienfaisante, nous

protégeant contre les rayons brûlants du soleil des tropiques.
Un flamboyant, surtout, situé tout au bord de la vérandah,
attirait les regards. Cet arbre est, avec le banian, un des plus
beaux de la Calédonie. Ses rameaux dont le feuillage res-
semble à celui de l'acacia, s'épanouissent à son sommet,
comme les branches d'un vaste parasol. Au moment de la
floraison, qui dure pendant tout le mois de décembre, d'é-
normes grappes roses s'étalent sur la verdure des rameaux,
formant un ensemble du plus gracieux effet. Une allée de
mûriers traversant le jardin donnait accès à nos apparte-
ments. Un vaste jardin potager s'étendait à l'est de notre
maison, au pied de la colline boisée qui partage en deux l'île
dans toute sa longueur. Nous y trouvions pendant toute
l'année en abondance les fruits du pays et des légumes frais.

De l'autre côté de l'avenue des cocotiers, à l'ouest de notre
habitation, s'élevaient au nombre de huit les pavillons de
l'hôpital central. Tous ces pavillons parallèles, séparés par
de petits jardins aboutissaient en avant à une longue vérandah qui les reliait entre eux. Derrière l'hôpital se trouvait le
jardin anglais, où seul le personnel libre avait le droit de
circuler. Là étaient réunis de nombreux échantillons des
plus belles fleurs et des plantes les plus remarquables de la
Colonie Au centre des massifs se dressait un énorme banian
de dimensions gigantesques, pouvant abriter sous ses rameaux
touffus plusieurs centaines de personnes.

Après déjeuner, mon camarade me mit au courant du service ; et dès le lendemain, suivi de mon infirmier, je fis ma
première visite dans les salles.

L'hôpital de l'île Nou, où sont évacués tous les forçats
malades de la colonie, contient environ quatre cents lits ; les
pavillons, fort bien aménagés, sont divisés en deux services :
service médical et service chirurgical. Un pavillon spécial est
destiné aux aliénés. Mon médecin-major, le D⁰ Fontan (1),

____

(1) Membre correspondant de l'Académie de Médecine.

aujourd'hui membre de la Société de chirurgie, et directeur
du service de santé de la marine en retraite, avait les salles de
chirurgie et j'étais chargé des fiévreux. Un infirmier choisi
parmi les condamnés en cours de peine suivait la visite du
médecin, et inscrivait sur un registre spécial les prescriptions
médicamenteuses et le régime alimentaire. Mon infirmier
était un ancien directeur de succursale de la Banque de
France. Des emprunts clandestins faits autrefois à la caisse
lui avaient valu dix ans de travaux forcés. Fort intelligent,
très bien élevé, homme du monde accompli, il avait été jeune
et n'avait point su résister aux mille séductions de la grande
vie parisienne, de là ses malheurs et son changement de
situation.

Ma première visite se borna à faire la connaissance de mes
nouveaux clients. La plupart me semblèrent assez peu gra-
vement atteints, et l'un d'entre eux surtout, me parut jouir
d'une santé des plus florissantes. Je le fis porter sortant.

La visite terminée, comme je me disposais à rentrer chez
moi, mon infirmier, avec sa tête de fouinard, sa figure rasée,
ses lunettes plaquées au bout du nez, m'aborda et de son
ton le plus mielleux, avec d'infinies précautions oratoires :
Monsieur le major, me dit-il, le nº que vous avez fait porter
exeat n'est en effet pas malade ; toutefois, je me permettrai
de faire remarquer à Monsieur le docteur que, jusqu'à ce jour,
il a toujours été convenu qu'on le laissait à l'hôpital, pour lui
éviter les pénibles corvées des condamnés ordinaires et pour
qu'on pût lui donner un régime plus substantiel que celui
du bagne. C'est un condamné politique, Roques de Filhol,
ancien maire de Puteaux sous la Commune.

Puisque c'était là bon plaisir de l'Administration, je ne
voyais pour ma part aucun inconvénient à ce que cet homme
continuât à jouir d'un régime de faveur et je fis rayer l'exeat
inscrit sur le registre.

Au bout de quelques semaines je fus, en plus de mon
service d'hôpital, chargé du service des camps en remplace-

ment du Dr de Beaumont qui, malade, rentrait en France par le prochain bateau. Mes nouvelles fonctions m'obligeaient à faire tous les matins, à cheval, en suivant le bord de la mer, une dizaine de kilomètres pour me rendre au camp est où je passais la visite des condamnés et des familles des surveillants militaires. Je regagnais ensuite le camp principal où je voyais également les forçats malades et les soldats du poste d'infanterie de marine. Ma besogne terminée dans les camps, je regagnais par la route qui traverse l'île, l'hôpital du marais pour y faire ma visite quotidienne.

Au camp principal était installée une infirmerie avec deux infirmiers pour le service. Les titulaires de ces fonctions étaient Gaston Dacosta et Alphonse Humbert, condamnés tous les deux aux travaux forcés à perpétuité pour participation à la Commune de Paris.

Gaston Dacosta, fils d'un professeur de mathématiques très connu dans le monde de l'enseignement, était, je crois, candidat à l'Ecole polytechnique en 1870 quand survint la guerre franco-allemande, puis le siège de Paris et la capitulation. Ardent républicain, au 18 mars il se rangea du côté des communards, et prit part au mouvement insurrectionnel comme secrétaire de Raoul Rigaut.

Lorsque, chemin faisant, pendant la visite à travers le camp, nous causions ensemble de Paris, du quartier latin et surtout des évènements du second siège, il n'approuvait pas tous les actes du gouvernement du 18 mars, il blâmait même ouvertement les crimes de quelques énergumènes surexcitant la foule et la poussant aux pires excès. Il avait aussi pu voir que, lorsque les passions sont déchaînées, le flot populaire ne s'indigne pas plus que les vagues de l'océan soulevées par les vents en furie. Il fut condamné à mort par le conseil de guerre et ce ne fut que plusieurs mois après que sa peine fut commuée en celle des travaux forcés à perpétuité.

Alphonse Humbert, homme de lettres, devenu depuis président du conseil municipal de Paris et député de la Seine, avait été rédacteur en chef du fameux « Père Duchesne ». Il n'avait pris aucune part officielle à la Commune ; il avait été, au même titre que Rochefort, condamné pour avoir excité le peuple à la rébellion.

Les premiers temps de leur captivité furent très durs pour les anciens fédérés condamnés aux travaux forcés ; ils étaient soumis à un régime spécial beaucoup plus sévère que les condamnés de droit commun, et les corvées les plus pénibles et les plus répugnantes leur étaient souvent réservées. C'était à eux qu'incombait la confection du torchis pour la construction des paillottes ; ce torchis, mélange de paille hâchée, de terre glaise et d'eau, était placé dans un cercle dont les parois formées de vieux lambris étaient destinées à le maintenir en place. Les hommes, la plupart du temps des communards, désignés pour le malaxer, tournaient nu-pieds dans le cercle jusqu'à ce que le travail fût achevé. Rien dans leur passé n'avait préparé les malheureux à ce genre d'exercice ; aussi à la fin de la séance avaient-ils les pieds dans un état lamentable.

Il y avait au bagne environ trois cents fédérés. Il faut leur rendre cette justice que, tant que dura leur captivité, aucun d'eux ne se rendit coupable de la moindre indélicatesse. Un d'entre eux pourtant avait été condamné plutôt pour crime de droit commun que pour participation à l'insurrection. Il s'était pendant le pillage de l'hôtel Thiers, place Saint-Georges, approprié un bibelot de prix ; ses camarades l'avaient mis à l'index et n'avaient avec lui aucune relation.

En raison de leur conduite, plusieurs avaient été l'objet de diverses mesures de faveur. Les uns avaient obtenu des postes d'infirmiers, d'autres avaient été employés dans les bureaux au lieu d'aller travailler sur les chantiers. Louis Lucipia et Louis Giffaut avaient été classés parmi ce que l'on appelait les « écrivains », le premier comme comptable à l'Hôpital du Marais, l'autre comme secrétaire dans les bureaux du commandant.

Louis Lucipia qui devait plus tard devenir maire de Paris, s'était trouvé compromis au titre de capitaine de la garde nationale, dans l'affaire des Dominicains d'Arcueil. Il avait été condamné à mort et comme tel, à l'instar de Dacosta, il avait passé plusieurs mois en cellule dans les prisons de Ver-, sailles, attendant chaque jour qu'on vint le chercher pour le plateau de Satory. Il n'avait dû sa commutation de peine qu'à l'intervention auprès de Thiers, alors chef du pouvoir exécutif, d'un religieux, ami de sa famille. Fils d'un pharmacien de Nantes, il faisait son droit à Paris au moment où éclata la guerre franco-allemande de 1870.

Lucipia et Dacosta avaient des caractères assez dissemblables. Absolument intransigeant dans sa façon d'apprécier les hommes et les choses, Lucipia n'aurait jamais fait en politique la moindre concession à son meilleur ami. Lorsqu'il venait m'apporter la liste des entrants dans mon service d'hôpital, nous causions souvent ensemble sous la vérandah. Un jour que nous parlions des évènements de la Commune « eh bien, lui dis-je, moi aussi, j'ai la prétention d'être républicain, toutefois il y a une nuance très marquée entre nos deux façons de comprendre la république, mais si cela recommençait et que vous fussiez d'un côté et moi de l'autre, j'aime à croire que vous seriez gentil pour moi ».

« Si cela recommence, me répondit-il sans hésiter, je vous casserai la tête comme au premier venu ». « Merci, lui dis-je, en riant, un homme prévenu en vaut deux et le cas échéant, je tâcherai de commencer ». Bien qu'il eût eu la vie sauve grâce à l'intervention d'un membre du clergé, il ne paraissait pas avoir pour les curés une tendresse exagérée.

Gambetta était un des hommes politiques à qui il en voulait le plus ; et il se promettait bien le jour où il rentrerait en France, de faire contre lui une campagne acharnée.

Je me suis demandé bien souvent pourquoi on envoyait dans les bagnes ordinaires certaines catégories de condamdamnés politiques, car enfin, on ne fera jamais, en dépit de tous les arrêts, que des hommes, quels que soient leurs torts du reste, qui ont combattu à ciel ouvert, au péril de leur vie, l'ordre de choses établi, puissent être confondus avec de vulgaires malfaiteurs qui détroussent la nuit au coin d'une rue déserte les passants inoffensifs. A-t-on jamais vu un gredin quelconque, chevalier du surin ou de la pince monseigneur, devenir plus tard, sa peine terminée, conseiller municipal ou député? Nous n'en sommes pas encore là que je sache, et j'aime à croire que nous n'y arriverons pas de sitôt. Ce qui constitue la caractéristique du bagne c'est l'infamie, ce n'est pas tant la sévérité du régime auquel le condamné est soumis que la tache indélébile imprimée au coupable par la décision des juges.

Aucun parti politique, aucun gouvernement ne peut rendre à un homme ce qu'on appelle l'honneur, pas plus qu'il ne peut le lui enlever, quels que soient du reste les supplices qu'il lui fasse subir. Les travaux publics infligés dans l'armée à une mauvaise tête ne lui enlèvent rien de ses droits de citoyen. Certes, les travaux publics sont autrement durs que les travaux forcés, il n'en est pas moins vrai que celui qui sort de Biribi, s'il ne mérite pas pour autant la croix d'honneur, peut encore lever la tête sans être pour les siens un objet de honte et de répulsion. Combien, après le 2 décembre, d'innocentes victimes sont allées périr dans les géôles de Cayenne? Un changement de régime a suffi pour faire des survivants des pensionnés de l'Etat, et plusieurs de leurs descendants y ont gagné des sièges législatifs.

A l'hôpital, pour moi, tous les malades avaient droit aux mêmes égards, j'étais médecin et je ne voulais être que médecin. En dehors du service, il m'était impossible, malgré le code, de ne pas distinguer entre les communards et les condamnés de droit commun.

Depuis plusieurs années déjà, le régime auquel étaient soumis les anciens fédérés s'était beaucoup amélioré et ils n'avaient plus à subir, comme dans les commencements, les vexations incessantes des gardes-chiourmes. Ils n'étaient point cependant affranchis des peines disciplinaires que l'on infligeait à l'occasion pour infraction aux règlements. J'ai encore vu le colonel Lisbonne à la double chaîne, et Trinquet, mort depuis comme directeur des prisons à Lille, accouplé avec un autre de ses camarades. Je ne sais quelle frasque avait commise le colonel; il était toujours le personnage fantasque qui s'était distingué par ses excentricités pendant l'insurrection, personnage qu'il continua après son retour en France où il acquit à Paris quelque célébrité comme gérant de la Taverne du bagne, puis comme directeur du théâtre des Bouffes du Nord. Trinquet avait dû subir le régime de l'accouplement pour tentative d'évasion. Un jour, avec deux ou trois de ses camarades, il avait réussi à s'emparer d'une embarcation à vapeur sous pression. Immédiatement Trinquet s'était mis à la barre, et en route dans la direction de la haute mer. Signalés aussitôt par le sémaphore, un bateau de la station se mit à la poursuite des fugitifs et parvint à les rejoindre avant qu'ils eussent pu disparaître à l'horizon. Ce fut à propos pour les malheureux, qui avaient tellement chauffé que la chaudière n'aurait pas tardé à éclater.

Les peines de la double chaîne et de l'accouplement sont des châtiments disciplinaires. Pour la chaîne, simple ou double, une ou deux chaînes fixées à un anneau attaché à la ceinture du condamné viennent aboutir à un autre anneau de fer rivé autour de la cheville du pied, occasionnant pour la marche une gêne considérable. Presque toujours l'anneau du pied, au bout d'un certain temps, est la cause d'une ulcération assez étendue et plus ou moins profonde. Dans l'accouplement, deux hommes ont un anneau rivé l'un au pied droit, l'autre au pied gauche; ces deux anneaux sont réunis par une chaîne commune, de sorte qu'aucun des deux hommes ne peut faire un pas sans que son camarade le suive.

Autrefois, dans les bagnes en France, tous les forçats étaient accouplés et l'on avait toujours soin de réunir ensemble des sujets de caractères absolument différents; aussi, au bout de peu de temps, les deux malheureux étaient devenus deux ennemis acharnés.

Dans une cellule à part divisée en deux compartiments assez spacieux, habitait un forçat de marque, Lullier, ancien lieutenant de vaisseau, condamné aux travaux forcés à perpétuité pour avoir pris une part active à l'insurrection communiste. Lullier n'avait jamais voulu revêtir le costume de forçat, et, pour la traversée de Toulon à la Nouvelle-Calédonie, il avait fait le voyage à fond de cale, les fers aux pieds. A l'île Nou, interné en cellule dès son arrivée, il y resta jusqu'au moment de l'amnistie. L'administration avait fini par lui accorder un vêtement de flanelle, puis, au bout d'un certain temps, la permission de se promener pendant quelques instants dans la journée en dehors de sa cellule. De cette permission, du reste, il ne voulut jamais profiter, prétendant qu'en cellule il était chez lui, et que, s'il en sortait, il se trouverait au bagne; or à aucun prix il ne voulait aller au bagne.

Pendant les dernières années de sa captivité, on avait beaucoup amélioré son régime, l'administration lui avait accordé les vivres d'hôpital, c'est-à-dire, aux deux principaux repas : le potage, un légume, un rôti, un dessert et un quart de vin. Dans un des compartiments de sa cellule on avait fait installer une baignoire, où deux ou trois fois par semaine, il pouvait prendre son bain. Il avait à sa disposition de quoi écrire et tous les livres que l'on pouvait se procurer au pénitencier.

Un jour, il se fit inscrire sur la liste des malades à visiter au dehors et je me rendis auprès de lui. « Monsieur, me dit-il, comme vous le voyez, je me porte très bien, je ne suis nullement malade et je n'ai pas la moindre envie de le devenir ; et, si je vous ai fait appeler, c'est pour vous prier de faire à l'autorité compétente certaines observations au sujet de mon installation. Elle est, comme vous pouvez vous en rendre compte, tout à fait sommaire ; et je voudrais qu'on y apportât un peu plus de confort ». Ces paroles étaient dites d'un ton bref, presque impératif. Je lui répondis que je ferais part au commandant du désir qu'il venait de m'exprimer, et je n'entendis plus jamais parler de lui.

Abstraction faite du milieu, le séjour de l'île était pour nous des plus agréables. Nous étions logés confortablement et notre table était certainement une des meilleures de la colonie, grâce au système que nous avions adopté. Au lieu de continuer à faire prendre nos repas à la cuisine de l'hôpital, nous avions demandé qu'on nous fournît nos vivres en nature. Je pris comme garçon de famille un cuisinier de profession, et comme, d'autre part, nous avions tous les jours et sans aucuns frais de magnifiques pièces d'excellent poisson de mer, nous pouvions avec l'aide de notre poulailler, meublé de cent cinquante têtes de volailles, composer des menus aussi variés que délicats et abondants. Nous élevions aussi de petits cochons qui, bons à tuer, pesaient de dix à douze kilogs. Chaque fois qu'on en immolait un, la bête faisait les frais d'un festin pantagruélique auquel étaient conviés le ban et l'arrière-ban des officiers, célibataires s'entend, présents à Nouméa et à bord des bateaux en rade. Un ancien charcutier arrivé à Nouméa, des hauteurs de Ménilmontant, qui avait eu autrefois maille à partir avec la justice de son pays, confectionnait avec les débris de l'animal, une quantité de plats des mieux réussis. Une délicieuse bouillabaisse, triomphe du pharmacien qui excellait à les préparer, ouvrait la marche ; venaient ensuite un nombre invraisemblable de plats de cochon, si bien que malgré le coup du milieu, destiné comme le trou normand à faire un peu de place dans l'estomac des convives, tous ou presque tous, s'en retournaient avec une magnifique indigestion.

Notre table était réputée et notre hospitalité légendaire, aussi ne se passait-il pas de jour où nous n'eussions au moins deux ou trois convives à déjeuner.

Le jeudi, nous dinions en ville chez mon médecin-major qui était venu avec sa famille remplacer les religieuses dans leur appartement. Nous recevions toujours chez le docteur Fontan l'accueil le plus aimable; il se montrait pour nous un excellent camarade bien plus qu'un supérieur, et jamais à aucun moment, il ne s'est prévalu du nombre de ses galons. Tous les soirs, sous la vérandah, nous passions des heures charmantes en d'interminables causeries. Mme Fontan, qui savait unir les qualités d'une maîtresse de maison parfaite aux charmes d'une femme du monde accomplie, avait deux ravissantes fillettes. J'avais eu l'honneur de tenir sur les fonds baptismaux la plus jeune, venue au monde dans le courant de la première année de notre séjour à l'île. Nou,

Nous avions pour cultiver notre jardin un condamné classé aux fois, à la suite d'une tentative d'évasion avortée grâce à un malencontreux hasard. Cet homme, que nous appelions Gentiane, était le plus beau spécimen de criminel-né que la terre eût jamais porté. Jamais il n'avait eu l'ombre de sens moral; et son existence, avant son arrivée au bagne, n'avait été qu'un long tissu de débauches et de crimes. De temps en temps je l'interrogeais sur son passé, et, chaque fois, il me narrait l'histoire de nouveaux forfaits. Originaire d'un département du Nord, il avait étendu le théâtre de ses exploits jusqu'en Belgique. Il avait eu maintes fois l'occasion de faire connaissance avec les prisons de ce pays, et il avait pu faire ainsi la comparaison entre les régimes pénitentiaires des deux nations. C'est à la France qu'il donnait la préférence, trouvant l'internement dans nos prisons beaucoup moins dur que dans les prisons belges. Il était pour beaucoup de tribunaux une vieille connaissance, et maintes fois le juge, en le voyant comparaître, lui avait dit: C'est encore toi Gentiane? Et lui de répondre en riant: oui c'est encore moi.

Le vol avec ou sans effraction était sa spécialité, et, jusqu'à l'affaire qui l'amena en cour d'assises et lui valut de faire le voyage de la Nouvelle, il n'avait connu que les bancs de la correctionnelle.

Un beau jour il avait enlevé la femme d'un de ses compatriotes et avec elle le montant des économies du ménage. Le mari trompé, volé et pas content mit la police aux trousses des deux tourtereaux. On finit, après de longues recherches, par les découvrir dans une chambre d'hôtel borgne où ils étaient en train de faire bombance.

Le commissaire frappa à la porte de l'appartement en prononçant le sacramentel : Ouvrez au nom de la loi Gentiane se garda bien d'ouvrir et l'on fut obligé de faire sauter la serrure. Au moment où la police faisait irruption dans la pièce, Gentiane tira plusieurs coups de revolver dont l'un fracassa l'épaule d'un gendarme. Pendant que l'on portait secours au blessé, le bandit profita du désarroi pour s'esquiver et prendre la clef des champs. Il se rendit à la gare voisine où il prit le premier train en partance Quelle ne fut pas sa stupéfaction quand, au débarcadère, un gendarme l'interpella en lui disant : c'est vous qui vous nommez Gentiane. Devant son trouble et sa réponse embarrassée, le représentant de l'autorité n'avait pas hésité à lui mettre la main au collet et à le conduire à la maison d'arrêt. Jamais nous n'avons pu lui faire comprendre comment ce gendarme, qui ne l'avait jamais vu, avait pu l'interpeller par son nom. Nous avions beau lui dire que la police prévenue par dépêche avait donné son signalement, il nous répondait toujours : ça, c'est des bêtises, ça n'est pas vrai. Il fut condamné à huit ans de travaux forcés Le séjour de l'île Nou ne le charmait en aucune façon : outre la liberté perdue, il regrettait les festins largement arrosés de bière et de cidre qu'il pouvait s'offrir autrefois avec le produit de ses rapines : « Ce n'est pas un bon pays ici, répétait-il souvent, il n'y a point de pommes. » Il résolut de s'évader et de gagner, si possible, l'Australie, pour de là rentrer en Europe.

Sortir de l'île Nou était relativement facile, mais le reste du plan était plus difficile à exécuter. Il parvint à gagner la grande terre, où il erra dans les environs de Nouméa pendant une quinzaine de jours, vivant de vols et de rapines et cherchant un coup à faire, qui lui permît de rentrer en France pour y continuer ses exploits.

Une nuit, il avait réussi à pénétrer dans les bureaux du directeur de la banque de Calédonie et à ouvrir le coffre-fort, qui renfermait une quarantaine de mille francs en espèces. Malheureusement pour lui, pendant qu'il était en train de déménager le magot, une pile de piastres roula par terre, réveillant les canaques de garde qui dormaient paisiblement. Aussitôt Gentiane fut pris, ligoté comme un saucisson et transféré à la Carabousse avec accompagnement de coups de casse-tête que les policiers indigènes lui distribuaient en route avec une extrême libéralité. Cet exploit lui valut sa réintégration immédiate dans une cellule du pénitencier central, où il attendit sa comparution devant un conseil de guerre. Il fut condamné à vingt ans de travaux forcés, ce qui, en fait, équivalait pour lui à la perpétuité ; et comme mesure disciplinaire on lui octroya deux cents coups de schlague, qui lui furent distribués par série de trente jusqu'à ce que le compte fût exact. Les cicatrices produites par les coups de martinet donnèrent à la peau un aspect quadrillé d'un effet très bizarre, on aurait dit qu'il avait le derrière en peau de crocodile.

Le semblant de raison qu'il possédait auparavant avait sombré dans cette épreuve, et on avait dû le classer à la section des aliénés. Il était fort comme un Turc, et cultivait à lui seul tout notre jardin, qu'il entretenait en parfait état. Il nous volait autant qu'il le pouvait ; mais il n'aurait pas supporté qu'un de ses camarades nous dérobât le moindre objet, n'eût-il aucune espèce de valeur.

Le jour de mon accident au camp central, on vint en hâte à l'hôpital chercher mon médecin-major ; il y eut quelques

heures de désarroi et notre case demeura sans surveillance.
Un condamné profita de la circonstance pour nous voler
quelques bouteilles de vin, mais Gentiane arriva sur les
entrefaites. Saisi d'un mouvement subit d'indignation, il se
jeta sur le voleur, qu'il était bel et bien en train d'étrangler
lorsqu'on vint au secours du malheureux, qui râlait déjà.
« Ah ! disait-il en lui serrant la gorge de sa poigne de fer, tu
profites de ce qu'on tue le monsieur pour le voler, eh bien,
ton compte est bon, tu vas y passer. » Comme il le disait, il
l'aurait fait sans l'arrivée du correcteur.

On commençait à cette époque à parler d'hypnotisme ;
Gentiane aurait été un excellent sujet d'expérience ; il suffisait
de lui placer sous les yeux un objet de métal brillant ou de
lui mettre sur l'oreille un porte-plume ou un morceau de
bois quelconque, il fixait l'objet pendant quelques secondes
puis tombait sans connaissance et dormait d'un sommeil de
plomb pendant plusieurs heures avant de se réveiller.

Depuis sa première comparution en cour d'assises, il avait
une sainte horreur des gendarmes. Un jour il nous avait
raconté qu'un de ses frères faisait son service militaire dans
les dragons ; nous eûmes l'idée plutôt burlesque de fabriquer
une lettre, avec en tête la silhouette d'un gendarme en grande
tenue et de la lui remettre comme venant de son frère. Nous
lui faisions part dans cette lettre de l'entrée de son frère
dans la maréchaussée, par permutation avec un gendarme
à cheval et la silhouette qui ornait la première page n'était
autre que le portrait du nouveau gendarme en uniforme.

Aux premiers mots d'explication que nous lui donnâmes,
il ne voulut pas en savoir plus long, il jeta la lettre par terre
après l'avoir déchirée, la foula aux pieds, sa figure devint
blême et avec l'accent du désespoir il ne prononça que ces
mots : moi au bagne, mon frère gendarme, « mon » famille est
complètement déshonorée, et il alla rejoindre ses compa-
gnons dans la salle où ils étaient internés.

Pendant plusieurs jours nous ne le revîmes pas ; il s'était

couché et ne voulait plus sortir de son lit. Pour le décider à reprendre son travail au jardin, nous dûmes lui confectionner une seconde lettre, où son frère lui annonçait qu'il n'avait pas pu rester dans la gendarmerie et qu'il était de nouveau soldat dans un régiment de dragons. Sa joie fut aussi grande que son chagrin avait été profond, il vint à nous en agitant sa lettre et en riant aux éclats : « Ah ! ah ! mon frère, il n'est plus gendarme, il est dragon », et ses éclats de rire redoublaient éclairant sa large face de brute d'une joie sans pareille.

A partir de ce moment-là il reprit son travail avec une nouvelle ardeur.

Un autre forçat avait eu son heure de célébrité, c'était le fameux polonais Bereysowski, condamné aux travaux forcés à perpétuité pour avoir, à l'Exposition de 1867, tiré sur le czar Alexandre un coup de revolver. Il était employé au camp central à fendre du bois pour la boulangerie.

Le régime du bagne à la Nouvelle-Calédonie est incomparablement plus doux que ne l'était autrefois celui des bagnes de la métropole. Les condamnés employés dans les ateliers ou sur les chantiers sont à peu près dans les mêmes conditions qu'en France les ouvriers des grandes usines ou des chantiers d'une vaste entreprise, avec cette différence cependant, que l'ouvrier, en dehors du travail, jouit de toute sa liberté, tandis que le condamné est constamment sous la surveillance des gardes-chiourmes. Même en dehors des heures de travail, il n'a pas un instant dont il puisse disposer à sa guise.

La nourriture n'est pas des plus réconfortantes. Le matin, au réveil, qui a lieu à cinq heures, les hommes absorbent leur quart de café noir, avant de partir soit pour l'atelier, soit pour le chantier, mais quel café ! Un peu d'eau chaude noirâtre légèrement édulcorée et sans grande saveur. A midi, le repas se compose d'une soupe où nagent quelques légumes secs, avec un morceau de lard, et, deux fois par

semaine, la viande salée est remplacée par le bœuf bouilli.
Depuis quelque temps cependant, pour augmenter la consommation de la viande et favoriser l'écoulement du bétail des éleveurs de la brousse, l'administration a décidé de faire donner six jours par semaine le bœuf bouilli aux condamnés. Le soir, même soupe que le matin, mais sans viande. La ration de pain est de trois livres pour deux jours. Le travail du condamné est rétribué à raison de dix centimes par jour, ce qui lui permet d'améliorer de temps en temps son ordinaire, en achetant à la cantine des conserves ou des denrées alimentaires. Beaucoup fabriquent des bibelots qu'ils vendent aux officiers ou aux visiteurs ; ils se font ainsi un petit pécule avec lequel ils peuvent se procurer quelques douceurs. Aucun homme ne peut avoir en sa possession plus de six francs ; mais quelques-uns ont des cachettes, connues d'eux seuls, qui leur servent de coffre-fort et où ils ont en dépôt des sommes parfois assez fortes. Le vol est encore pour les habiles l'industrie la plus lucrative, mais là-bas, comme en France, le métier a ses aléas et bien rares sont ceux qui en tirent un gros profit. Le mobilier des cases est sommaire, il se compose à peu près uniquement de deux rangées de hamacs, séparées par une allée centrale. Chaque homme est pourvu d'une couverture dans laquelle le condamné s'enveloppe pendant la nuit. Le costume se compose uniformément d'un chapeau de paille à bords plats et assez larges, d'une blouse et d'un pantalon blancs. Une paire de godillots complète la tenue. Sur chaque vêtement s'étale en chiffres noirs très apparents le numéro matricule. Les cheveux sont coupés ras et la figure complètement rasée.

Les forçats sont divisés en quatre classes, d'après la gravité de la peine à laquelle ils ont été condamnés. Pour ceux des trois premières catégories, le régime est le même, pour ceux de la 4ᵉ le régime est plus sévère. A aucun moment, en dehors des heures de travail où ils sont envoyés aux chantiers sous la conduite de surveillants toujours armés de

revolvers, ils ne peuvent sortir des cases où ils sont enfer-
més. Tous ont été triés sur le volet, et sont, on peut le d re
des sujets de choix. Leur morale, même pour la plume la
plus osée, défie toute description. Nombre d'entre eux, tout
jeunes encore, sortent des bas-fonds des grandes villes, où
leur principal métier était de détrousser les passants attar-
dés, tout en protégeant à l'ombre de leurs nageoires les
suaves Casque d'Or des boulevards extérieurs. C'est un de
ces intéressants personnages qui, pris un beau jour de dé-
goût pour l'existence monotone du bagne, résolut d'en finir
avec la vie, et pour se faire guillotiner me fit l'honneur de
jeter sur moi son dévolu. Pensionnaire d'une maison centrale, où ses exploits, tant sur les hauteurs de Belleville qu'à
la Villette ou à Ménilmontant, l'avaient conduit, il s'était,
pour être admis à faire le voyage de la Nouvelle, rendu coupable d'une tentative d'assassinat sur un gardien de l'éta-
blissement. Gratifié de vingt ans de travaux forcés, il assas-
sina un jour à l'île Nou un de ses camarades dans une rixe.
Condamné à mort par le conseil de guerre de Nouméa, il
fut pendant plusieurs mois interné en cellule, en attendant
la décision présidentielle au sujet du recours en grâce qu'il
avait adressé au chef de l'Etat. Pendant tout ce temps, il
s'était fait porter malade et plusieurs fois par semaine j'allais
le visiter. Dans le fond de sa cellule, il avait absolument l'air
d'une bête fauve en cage, j'en avais pitié et je lui prescrivais
tout ce que le règlement me permettait de lui donner en fait
de vin et de vivres frais. Lorsqu'il fut grâcié et que sa peine
eut été commuée en celle de cent et un ans de travaux forcés, il se trouvait avoir à purger une peine de cent vingt ans
de bagne. Aussitôt après sa sortie de cellule, il se présenta
à la visite du camp et me demanda d'entrer à l'hôpital.

Dix mois de séjour consécutif au frais et à l'ombre entre
quatre murs circonscrivant un espace des plus restreints,
l'avaient certainement beaucoup anémié, et il était en outre
en pleine évolution d'une maladie spéciale qui contribuait

encore singulièrement à le déprimer. Par commisération j'accédai à sa demande et je le fis porter sur la liste des entrants. Deux ou trois jours après il se présenta de nouveau à la visite du camp, avec cette mention à côté de son nom : à envoyer au travail après lui avoir institué son traitement, n'est digne d'aucun intérêt.

Je lui fis une prescription médicamenteuse, en lui disant les jours suivants de continuer toujours le même régime. Un matin, comme je lui faisais la même recommandation que la veille : « ah ça, oui ou non, voulez-vous me soigner, me dit-il à brûle pourpoint, en me considérant d'une étrange façon ; et en même temps, avant que j'eusse pu me remettre de la stupeur causée par cette brutale apostrophe, il me frappa d'un coup de couteau en pleine poitrine. Instinctivement, je parai avec le bras, il me porta aussitôt un second coup dans le côté, puis un troisième à l'épaule gauche. Il avait visé au cœur et il avait visé juste. Heureusement pour moi, la pointe de l'instrument porta sur une côte et s'arrêta dans l'épaisseur de l'os. Un centimètre plus haut ou plus bas et la lame du couteau plongeait en plein cœur. La scène fut rapide et je ne me rendis pas d'abord un compte exact de ce qui s'était passé, je crus qu'il m'avait frappé du poing avec un doigt en saillie, puis songeant que pour lui c'était absolument le même prix, je compris qu'il devait avoir voulu attenter à mes jours. J'ouvris mon veston, j'aperçus une large tache rouge sur ma chemise que je soulevai et je vis une longue plaie saignante juste au niveau du cœur. Je me crus tout d'abord frappé à mort ; et cette constatation jointe à la perspective de mourir en plein bagne au milieu des forçats, me causa, je dois l'avouer, un sentiment d'angoisse indéfinissable.

Aussitôt l'assassin maîtrisé et désarmé, on courut prévenir l'aumônier du camp et mon médecin-major. Cet excellent père Jeannin, en arrivant près du lit de camp où j'étais étendu, se mit à réciter à côté de moi les prières des

agonisants, ce qui ne contribua nullement à donner un tour
bien folâtre à mes réflexions. Quelques instants après mon
médecin-major arriva. Après avoir examiné mes blessures,
il fit à la première cinq ou six points de suture, apposa un
premier pansement et l'on me transporta de l'autre côté de
l'esplanade chez le commandant du pénitencier, où, pendant cinq ou six jours, je fus l'objet des attentions les plus
délicates et des soins les plus dévoués. Je fus ensuite reconduit chez moi ; j'y passai une dizaine de jours avant d'entrer
à l'hôpital militaire de Nouméa, où je devais désormais continuer mon service. Trop faible pour faire à pied le trajet
du camp principal à mon domicile, on m'avait transporté
sur un brancard porté par quatre condamnés. Gentiane avait
demandé comme faveur d'être au nombre des porteurs et il
était tellement ému que pendant tout le trajet il trembla de
tous ses membres. Il avait pour moi l'attachement d'un chien
pour son maître.

Parmi ceux qui se font porter malades, les simulateurs
sont nombreux. Les uns arrivent à la visite avec des taches
plus ou moins étendues sur les jambes et qui ressemblent
à s'y méprendre à des taches de scorbut ; mais si on exa-
mine le malade attentivement, on ne découvre aucun autre
symptôme de l'affection, pas même du côté des gencives.
Ils ont tout simplement, à l'aide de petits sacs de sable humide
très fin, frappé à petits coups répétés sur la peau jusqu'à ce
qu'apparaisse l'ecchymose d'apparence scorbutique. D'autres
se présentent avec des paupières considérablement enflées,
sous lesquelles l'œil disparaît entièrement. Au palper, au lieu
d'avoir la sensation de l'œdème, on perçoit une crépitation
très nette qui met tout de suite sur la voie. Un camarade
obligeant, au moyen d'une piqûre imperceptible a insufflé
de l'air dans le tissu cellulaire de la paupière, d'où la pro-
duction d'un emphysème sous-cutané, simulant parfaitement
à première vue l'œdème d'origine pathologique. D'autres
encore s'introduisent sous la peau au niveau de la rotule une

substance irritante qu'ils extraient d'une plante du pays et se procurent ainsi de véritables phlegmons du genou.

Le climat de la colonie est très sain ; et, dans les pénitenciers, malgré le régime plutôt débilitant, l'état sanitaire est en général excellent. Les affections aiguës des bronches y sont à peu près inconnues ; ce que l'on observe surtout, ce sont les affections intestinales, avec assez souvent des abcès du foie comme complication. Une bonne hygiène et la sobriété surtout, sont nécessaires à la Nouvelle, comme dans tous les pays chauds, du reste, pour bien se porter. L'alcool, voilà le grand ennemi et beaucoup d'indispositions proviennent, je ne dirai pas de l'abus, mais du simple usage des liqueurs dites apéritives. Je n'ai vu pendant mon séjour en Calédonie qu'une seule épidémie qui fut de très courte durée et ne franchit pas les limites de l'île Nou. Dans l'espace de quinze jours, une douzaine de cas de choléra s'étaient déclarés dont sept ou huit furent suivis de décès.

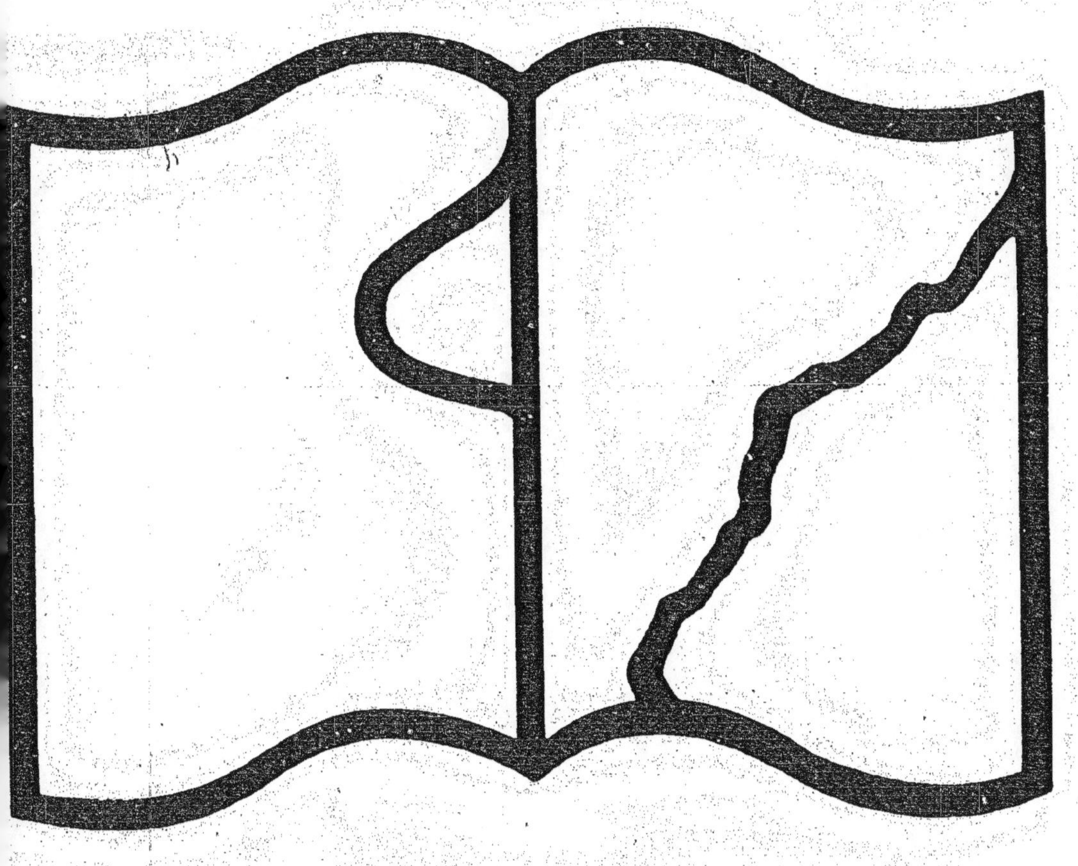

Texte détérioré — reliure défectueuse

NF Z 43-120-11